JACQUES DE COULON

Das kleine Übungsheft

Krisen bewältigen

Aus dem Französischen von
Claudia Seele-Nyima

Illustrationen von Jean Augagneur

TRINITY

Jacques de Coulon ist Professor für Philosophie und Rektor des Collège Saint-Michel in Fribourg/Schweiz. Er hat mehrere Bücher, u.a. über therapeutisches Schreiben, Meditation und Lebensfreude, verfasst und ist europaweit ein begehrter Seminarleiter und Vortragsredner.

Die Originalausgabe ist erstmals 2009
bei Éditions Jouvence erschienen.

Umschlaggestaltung: Guter Punkt, München
Satz: Veronika Preisler, München
Druck und Bindung: Pustet, Regensburg
ISBN 978-3-941837-91-1

Die Krise, die Krise ... Das Wort ist in aller Munde. Aber was ist damit eigentlich gemeint? **Krise** kommt vom griechischen **krisis**, was »Beurteilung, Entscheidung« bedeutet. Eine Krise zeigt sich als der entscheidende Augenblick einer Situation. Als Symptom einer kritischen Phase lädt sie uns ein, unseren kritischen Verstand zu schärfen. Sie sollte für uns eine Gelegenheit sein, unsere Werteskala zu hinterfragen, um anschließend eine Entscheidung zu treffen – und zwar die, unser Verhalten von Grund auf zu ändern.

Fangen wir bei der Wirtschaftskrise an: Sie ist das sichtbare Zeichen dafür, dass die neoliberalen Werte versagen, die auf dem Dogma »Wachstum um jeden Preis« basieren – eine regelrechte Religion, ein Tanz um das Goldene Kalb, um dieses biblische Symbol für materiellen Reichtum. Wie es bei Pascal Bruckner heißt:

> **»Die Firmen begnügen sich nicht damit, Produktionsstätten zu sein, sondern stellen sich als Kirche von morgen dar, die Werte vorschreibt. Die Geschäftswelt ist unser moderner Klerus.«[1]**
>
> Pascal Bruckner

1 *Ich kaufe, also bin ich. Mythos und Wirklichkeit der globalen Welt. Ein Essay.* Aufbau Verlag, Berlin 2004.

Die Krise ist eine Aufforderung an uns, aus dem derzeitigen System »auszusteigen«, das gläubige Anhänger dazu verleitet, sich vor dem Gott »Profit« niederzuwerfen und den Kampf der egoistischen Interessen zu preisen.

Betrachten Sie doch einmal die folgende Tabelle und meditieren Sie darüber, während Sie die rechte Spalte gelb ausmalen und das »neue Modell« vervollständigen. Bei Sein könnten Sie zum Beispiel eintragen, seinen inneren Garten pflegen oder reine Luft in der freien Natur atmen ...

Tempel des Goldenen Kalbs	**Neue Werte**
	Krise →
1. Haben: sich bereichern, Kapital anhäufen	1. Sein: … Natur bewusst erleben
2. Konkurrenz, Wettbewerb	2. Gegenseitige Unterstützung: … aufmerksam verinnerlichen
3. Konsum	3. Bewunderung, einfach *sein* lassen: … zulassen, genießen
4. Ausbeutung der Umwelt	4. Respekt vor der Natur: … Achtung, Wertschätzung
5. Wachstum: immer mehr	5. Zufrieden sein mit dem, was man ist
6. Zeitdruck: immer schneller	6. Loslassen, Entspannung: … ~~genießen~~ Musik, warnehmung
7. Sonstiges: …	7. Sonstiges: …

Tragen Sie nun einen der sieben Werte des neuen Modells in die Mitte des Assoziationsdiagramms auf der nächsten Seite ein und geben Sie neben jedem Pfeil ein **konkretes Beispiel** für die praktische Umsetzung dieses Wertes an: Was sind Sie bereit zu tun, was wollen Sie erleben? (Sie können Pfeile hinzufügen.)

Beispiele:

- Zu Loslassen ⇒ Einen Ausflug in die Berge machen;
- Für Gegenseitige Hilfe ⇒ Einem Freund beim Schreiben seiner Bewerbung helfen;
- Für Bewunderung ⇒ Eine schöne Blumenwiese betrachten …

Nun sind Sie dran!

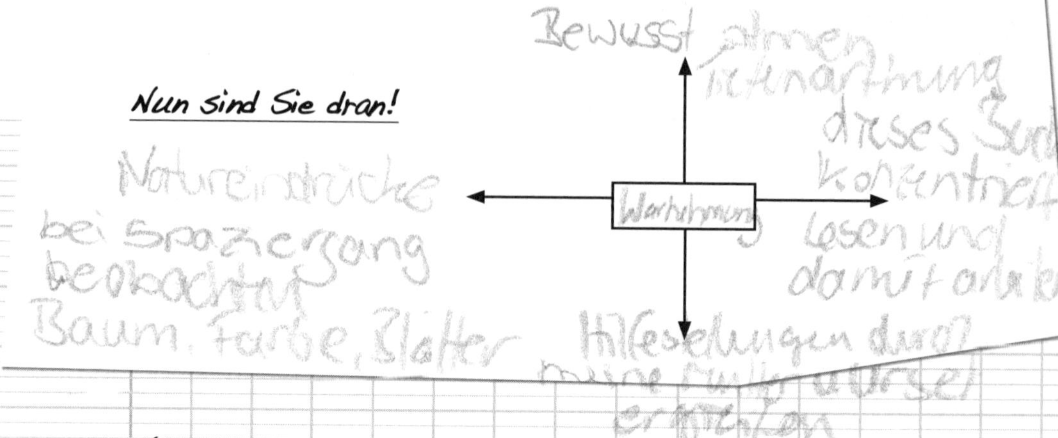

Visualisieren Sie die vier Beispiele nacheinander klar und deutlich vor Ihrem geistigen Auge. Sie können die Übung für alle sieben neuen Werte durchführen.

Die aktuelle Krise, von der die Allgemeinheit betroffen ist, haben wir bereits angesprochen. Kommen wir nun zur individuellen Ebene: Wahrscheinlich haben auch Sie schon persönliche Krisen (Beziehungskrisen, Arbeitslosigkeit, Krankheit ...) durchgemacht. **Wir möchten Ihnen eine Methode ans Herz legen, mit der Sie Ihre Krise wirksam bewältigen können.** Halten Sie sich dabei an sieben Regeln und vier aufeinanderfolgende Strategien:

- die Strategie des Adlers, um aus der Vogelperspektive Distanz zu gewinnen;
- die des Schmetterlings, um sich von Ihren Ketten zu befreien;
- die der Eule, um die Dinge klarer zu sehen;
- und die des Zauberers, um sich selbst zu transformieren.

Zuallererst sollten Sie jedoch davon überzeugt sein, dass Sie das Problem meistern und etwas ändern können.

Regel Nr. 1: Freiheit

Ich bin nicht darauf programmiert, dieses oder jenes zu sein; ich trage einen Kern der Freiheit in mir, der es mir erlaubt, mein Leben selbst zu gestalten.

»Der Mensch ist nichts anderes als das, wozu er sich macht.«
Jean-Paul Sartre

Malen Sie diesen Satz in einer Farbe Ihrer Wahl aus, um ihn sich besser einzuprägen!

Der Mensch ist nichts anderes als das, wozu er sich macht.

Betrachten Sie das Bild unten: Sie können darin entweder eine weiße Vase oder zwei dunkle, einander zugewandte Gesichter sehen. Es hängt von Ihrem **freien Willen** ab, was Sie darin erkennen wollen. Üben Sie, von einem Bild zum anderen zu wechseln, erst langsam, dann schneller.

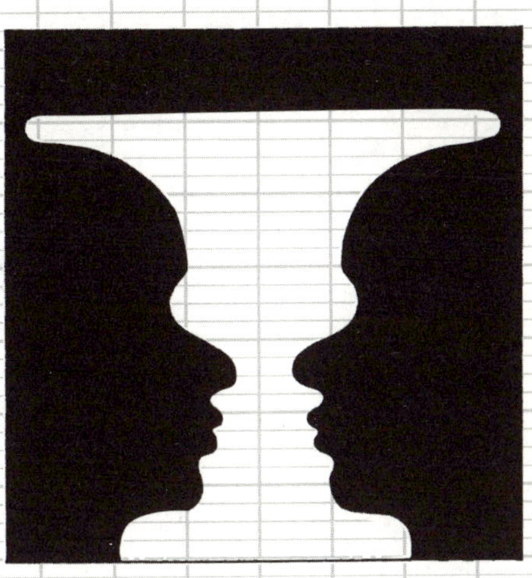

(Kippbild von Edgar Rubin)

Wie sich Ihnen eine Sache darstellt, können Sie also nach Belieben ändern: Die helle Vase kann zum Beispiel den Heiligen Gral symbolisieren und die beiden Köpfe könnten für trübe Gedanken stehen. Suchen Sie sich etwas aus!

Überlegen Sie nun, was Ihr Problem ist, der dunkle Punkt, der Ihnen Sorgen bereitet, und beschreiben Sie ihn kurz im Feld unten. Zum Beispiel: ständige Rückenschmerzen oder schwierige Trennung von meinem Lebensgefährten/meiner Lebensgefährtin, Arbeitslosigkeit …

Mein Problem: Panikatachen, Angstzustände. Aktuell verstärkte depressive Gefühle und Gedanken. Diese beziehen sich vorwiegend auf die Arbeit und mein Leben in München. In diesen Momenten ist die Zukunft mit ausschließlich negativen Gedanken, Gefühlen geprägt.

Wie reagieren Sie, wenn Sie vor diesem Problem stehen?

Kreuzen Sie die zutreffenden Antworten an:

- ☐ 1. Ich bereue das Verhalten, das mich in diese Sackgasse gebracht hat.

- ☐ 2. Ich »zappe« zu einem anderen Thema: Ich konzentriere mich auf etwas anderes, um nicht mehr daran denken zu müssen.

- ☒ 3. Ich male mir das Schlimmste aus, wodurch das Problem tendenziell größer wird.

- ☐ 4. Ich sage mir, dass es vorübergeht, und das tröstet mich.

- ☐ 5. Ich versuche, Abstand zu gewinnen und eine Beobachterperspektive einzunehmen, um mich nicht überwältigen zu lassen.

- ☐ 6. Ich gebe dem/der anderen, der Konjunktur, dem System … die Schuld.

- ☒ 7. Ich versuche, genauer abzustecken, was an dem Problem mir selbst zuzuschreiben ist, um mich aus der Situation zu befreien.

- ☒ 8. Ich denke, dass ich da nie wieder herauskomme, dass all das ewig so weitergehen wird.

- ☒ 9. Ich versuche zu verstehen, welcher Sinn sich hinter der Situation verbirgt.
- ☒ 10. Ich betrachte die Krise als Signal, dass ich meine Gewohnheiten ändern sollte.

- ☐ 11. Ich behalte alles für mich, lasse mir äußerlich nichts anmerken.
- ☐ 12. Ich bemühe mich, die positive Seite des Problems zu sehen.

- ☐ 13. Ich spreche mit meiner Umgebung über das Problem, um mir alles von der Seele zu reden.
- ☐ 14. Ich tue etwas anderes, nämlich: …

Ordnen Sie die Nummern Ihrer Antworten in die beiden folgenden Spalten ein:

Fruchtlose oder sogar negative Reaktionen	Sinnvolle, positive Reaktionen
3. 8.	7. 9. 10

Die Antworten 1, 3, 6, 8 und 11 bringen Sie nicht weiter. Sinnlos, etwas zu bereuen, sich Schuldgefühle einzureden, sich zu beschuldigen oder etwas zu vertuschen, zu überspielen: So werden Sie sich nicht aus der Situation befreien!

Wenn Sie Aussage 2 und 5 angekreuzt haben, verfolgen Sie die Adlerstrategie: Sie gewinnen dabei einen größeren Abstand, um Ihren Blickwinkel zu verändern.

Aussage 4 und 13 entsprechen der Schmetterlingsstrategie: Sie befreien sich von Ihrem Problem.

Satz 7 und 9 zeigen Ihre Absicht, das Problem einzugrenzen, den dunklen Punkt zu erhellen, wie die Eule, die nachts sieht.

Und wenn Sie Antwort 10 oder 11 gewählt haben, dann sind Sie ein Zauberer oder eine Zauberin und wollen die Situation von Grund auf ändern.

Sie werden gleich sehen, wie man die vier Strategien am besten umsetzt. Bevor Sie jedoch mit dem Adler fliegen, tanken Sie noch einmal volle Energie, indem Sie Kontakt zur Erde herstellen! Um sich vorzubereiten, lesen Sie noch einmal das folgende Gedicht von Arthur Rimbaud, in dem er die Tugenden unserer Mutter Gaia, der griechischen Göttin der Erde, preist, und markieren Sie es mit verschiedenen Farben, je nach Thema des jeweiligen Verses.

Sonne und Fleisch[2]

Die Sonne, Herd von Zärtlichkeit und Leben,
Lässt Liebesglut hin zur entzückten Erde streben,
Und man verspürt, wenn man im Tale liegend ruht,
Dass mannbar ist die Erde und durchschäumt von Blut;
Und dass ihr Riesenschoß, beseelt von heißem Triebe,
Aus Fleisch ist wie die Frau und wie Gott aus Liebe,
Und dass er in sich birgt, von Saft und Strahlen groß,
Das riesige Gewimmel aller Embryos!

2 Arthur Rimbaud, *Sämtliche Dichtungen* (zweisprachige Ausgabe). Aus dem Französischen übersetzt und mit Anmerkungen und einem Nachwort herausgegeben von Thomas Eichhorn; Übersetzung der »Illuminations« von Reinhard Kiefer und Ulrich Prill. Deutscher Taschenbuch Verlag, München 2002, S. 17.

Lernen Sie mit der folgenden Übung, das Gedicht zu erleben:

1. Sinneserfahrung und innere Einkehr

Setzen Sie sich in die Natur oder an einen anderen ruhigen Ort. Bewundern Sie die Farben und Formen, die Sie umgeben: das Grün der Blätter, das Blau des Himmels oder der Vergissmeinnicht, das Leuchten der Sonne … Lauschen Sie anschließend den Geräuschen, die sich um Sie herum bemerkbar machen: dem Vogelzwitschern, dem Rascheln des Windes in den Bäumen …

2. Sich der Erde hingeben

Legen Sie sich flach hin und spüren Sie den Kontakt Ihrer Körperrückseite mit dem Erdboden: Fersen, Waden, Gesäß, Rücken, Ellenbogen, Schultern, Hinterkopf, den ganzen auf dem Boden ruhenden Körper. Auch die Atmung können Sie unterstützend hinzunehmen, um den Kontakt besser zu spüren: Bei jedem Ausatmen nehmen Sie den Teil Ihres Körpers, auf den Sie sich jeweils konzentrieren, so wahr, als würde er in den Boden einsinken. Überlassen Sie sich ganz der Erde, der großen Sphäre, die für Sie sorgt und ein gewaltiger Hort der Energie ist. Denken Sie an Antaios, den Helden der griechischen Mythologie: Jedes Mal, wenn er die Erde berührte, schöpfte er Kraft!

Strategie Nr. 1: Der Adler

Sich neu ausrichten, um eine umfassendere Perspektive zu gewinnen

Für den Adler ist eine Krise eine Krankheit des Bewusstseins, das sich krampfhaft auf einen dunklen Punkt im Tal versteift und dabei vergisst, dass sein Ursprung im Hochgebirge liegt.

Meditieren Sie über folgenden Versen von Charles Baudelaire:

»Weit hinter dir lass Kummer, Schuld und Streit,
Die dumpf und lastend dich zur Erde zwingen,
Beglückt, wer sich erhebt auf leichten Schwingen
Zu leuchtender Gefilde Heiterkeit!«[3]

3 Charles Baudelaire: *Die Blumen des Bösen*. Aus dem Französischen von Terese Robinson, Georg Müller Verlag, München 1925 (aus »Erhebung«).

Nur zu oft bleibt man in seinem Problem stecken und sieht den Wald vor lauter Bäumen nicht, so eingeschränkt und eng ist der Blickwinkel! Deswegen ist es sehr wichtig, sich von dem Problem zu lösen – »abzuheben« – und eine umfassendere Perspektive einzunehmen. Die folgende Zeichnung veranschaulicht die Notwendigkeit einer solchen Distanzierung:

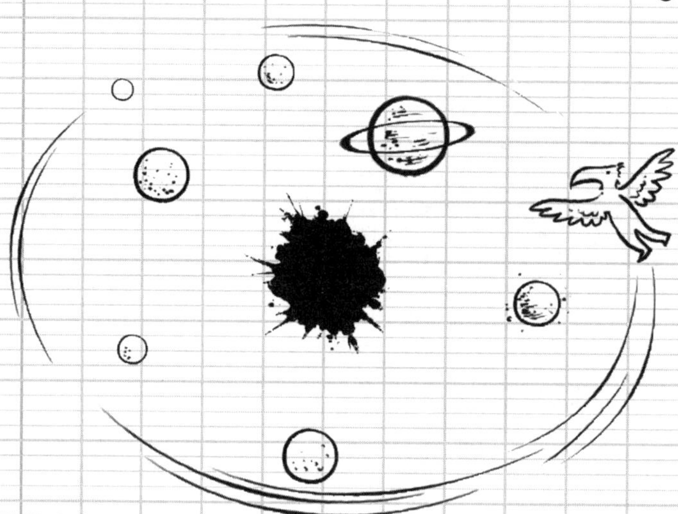

Das Syndrom des »umwölkten«, verwirrten Bewusstseins

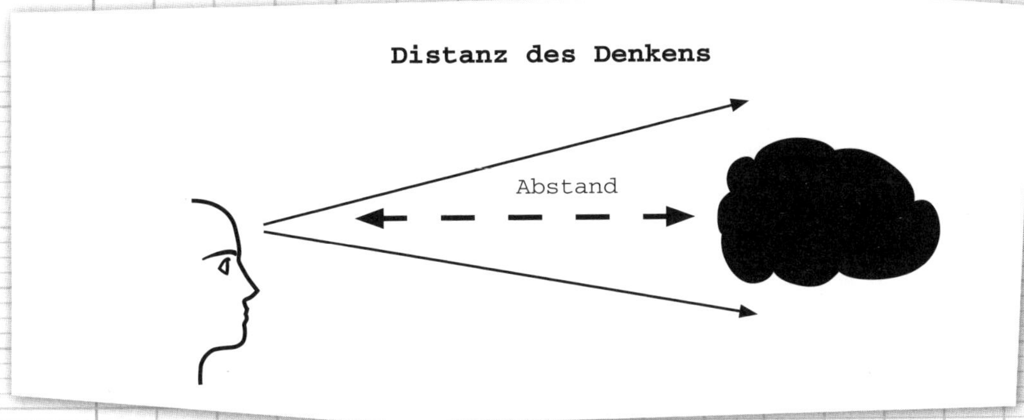

Regel Nr. 2: Die Magie des Bewusstseins

Tagein, tagaus nehme ich über meine Sinne verschiedene Dinge wahr, sei es von außerhalb oder in mir. Wo mein Bewusstsein hingeht, dorthin folgt auch meine Energie: Ich identifiziere mich tendenziell mit dem, was ich wahrnehme – wie ein Chamäleon, das sich je nach seiner Umgebung verfärbt.

»Jede Seele ist und wird das, was sie erblickt.«
Plotin

Man muss aber auch lernen, in die richtige Richtung zu schauen oder sogar komplett den Blickwinkel zu wechseln. Dafür ist es zunächst sinnvoll, Abstand zu gewinnen und sich neu auszurichten, indem man zur Quelle seines Bewusstseins vordringt.

Übung: Das magische Quadrat oder Pilgerreise zu den Quellen.

Malen Sie das Motiv unten farbig aus. Es ist die Grundlage jedes Mandalas wie auch jedes heiligen Gebäudes: Der Kreis symbolisiert das ewige Ideal (den Himmel), das sich in der konkreten Wirklichkeit, der materiellen Welt manifestiert, die wiederum vom Quadrat repräsentiert wird.

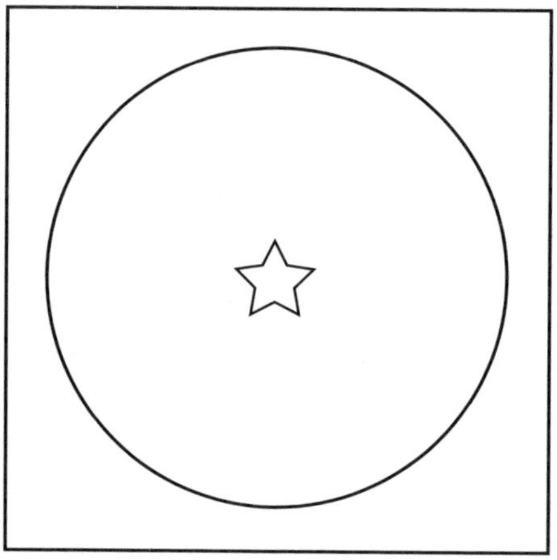

1. Körper

Setzen Sie sich aufrecht hin, schließen Sie die Augen und nehmen Sie Ihren ganzen Körper bewusst wahr, indem Sie ihn innerlich ganz einnehmen.

2. Atem

Beobachten Sie anschließend eine Weile Ihren Atem.

3. Fixieren des Blicks

Öffnen Sie die Augen und fokussieren Sie den kleinen Stern in der Mitte des ausgemalten Kreises etwa 30 Sekunden lang; das Gesicht bleibt dabei ganz entspannt.

4. Motiv in Komplementärfarben auf dem Papier

Richten Sie Ihren Blick auf den Punkt rechts von der Abbildung: Vielleicht sehen Sie dasselbe Motiv nun als Nachbild mit der jeweiligen Gegenfarbe, zum Beispiel blau, dort, wo die Zeichnung gelb ausgemalt ist, grün dort, wo sie rot ist, oder weiß, wo sie schwarz ist.

Beobachten Sie dann erneut etwa 30 Sekunden lang das Zentrum des farbigen Motivs.

5. Motiv im Stirninnenraum

Schließen Sie nun die Augen, die Lider bleiben entspannt, und betrachten Sie den Stirninnenraum vor sich. Vielleicht sehen Sie nun erneut, wie sich das Nachbild in den Gegenfarben abzeichnet. Um diesen Effekt zu verstärken, können Sie die inneren Handflächen vor die Augen legen. Ist das Motiv komplett verschwunden, nehmen Sie die Hände wieder weg. Beobachten Sie noch eine kleine Weile den Stirnraum vor Ihnen und das schwache Leuchten, das durch Ihre Lider dringt.

6. Motiv auf dem inneren »geistigen Schirm«

Schaffen Sie die Zeichnung noch einmal in Gedanken; visualisieren Sie sie innerlich, so als würden Sie sich einen Baum, ein Haus oder ein Gesicht vorstellen.

7. Rückkehr in die Außenwelt

Werden Sie sich wieder Ihres Atems, Ihres ganzen Körpers bewusst. Öffnen Sie dann wieder die Augen.

Jede Methode der Neuausrichtung beinhaltet die vier Phasen, die Sie gerade durchlebt haben:

- bewusstes Wahrnehmen des Körpers, dann des Atems, um »störende Gedanken« zu eliminieren (Punkt 1 und 2);
- Den Blick (auf ein Objekt) ausrichten (Punkt 3 und 4);
- Den Blick innerlich ausrichten (Punkt 5 und 6);
- Rückkehr in die Außenwelt (Punkt 7)

Machen Sie die folgende wirkungsvolle Übung, die vom ägyptischen Meister Hamid Bey inspiriert ist: Durchqueren Sie den Regenbogen und suchen Sie dann Ihren Glücksstern ganz oben am Himmel:

Übung: Finden Sie Ihren Stern, um durchs Leben zu gehen.

1. **Malen Sie die Spirale auf der nächsten Seite bunt aus. In ihr sind sieben Ringe enthalten.**
   Folgen Sie den sieben Farben des Regenbogens von oben nach unten und entgegen dem Uhrzeigersinn, während Sie sich zum Zentrum vorarbeiten: Rot für den ersten Ring, Orange für den zweiten, Gelb für den dritten, Grün für den vierten, Blau für

den fünften, Indigo (Dunkelblau) für den sechsten und Violett für den siebten. Die Farbe wechseln Sie immer dann, wenn Sie bei »12 Uhr« angelangt sind – die kleinen Punkte kennzeichnen das Eingangstor zur nächsten Farbe. Als Synthese aller Farben bleibt der Stern weiß.

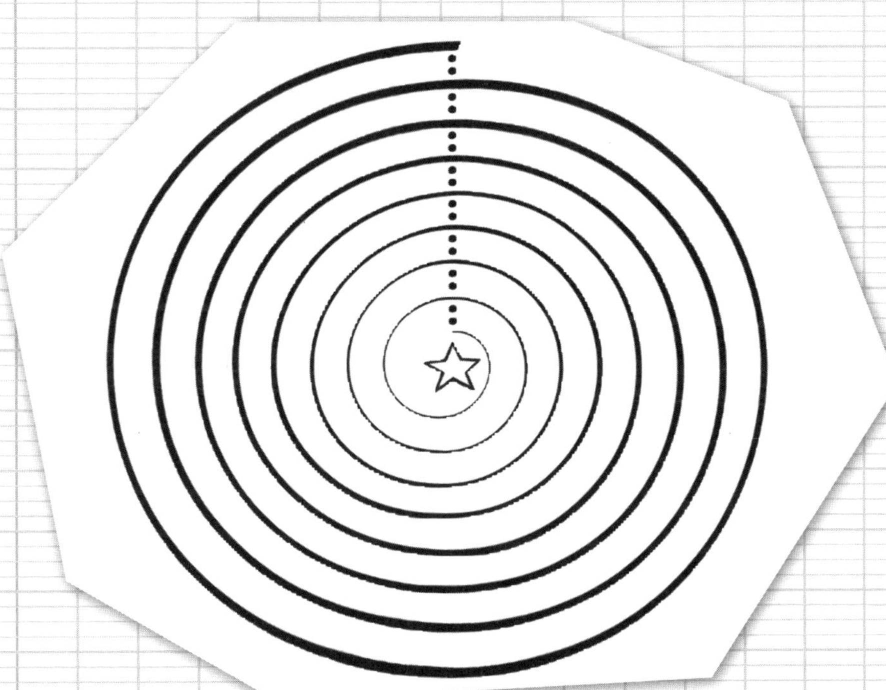

2. **Durchlaufen Sie den Weg noch einmal mit den Augen; behelfen Sie sich notfalls mit der Spitze eines Stiftes:** Beginnen Sie wieder außen oben. Wenn Sie an Ihrem Stern angelangt sind, umkreisen Sie ihn und nehmen Sie ihn dann symbolisch mit, indem Sie die Spirale wieder von innen nach außen durchlaufen, dieses Mal im Uhrzeigersinn.

3. **Schließen Sie einen Augenblick die Augen und entspannen Sie sich im Stirnraum.** Vielleicht sehen Sie Spuren der Spirale hinter Ihrer Stirn. Nehmen Sie anschließend Ihren Körper bewusst wahr, bevor Sie weitergehen.
4. **Folgen Sie zum Schluss Ihrem Stern, indem Sie frei einen Weg auf das Blatt zeichnen und Ihr Leben tanzen.** Gute Reise!

Ein Bild wird Ihnen helfen, besser zu verstehen, inwiefern eine Vogelperspektive nötig ist, um Ihren Blick auf die Welt zu verändern: das Bild eines Berges, der über zwei Tälern aufragt. Es gibt den Nordhang, der dunkel ist, und den südlichen, hellen Hang. Malen Sie auch diese neue Zeichnung bunt aus und schreiben Sie Ihre Sorgen links in das dunkle Tal und das, was Ihnen Freude bereitet, rechts in das sonnige Tal.

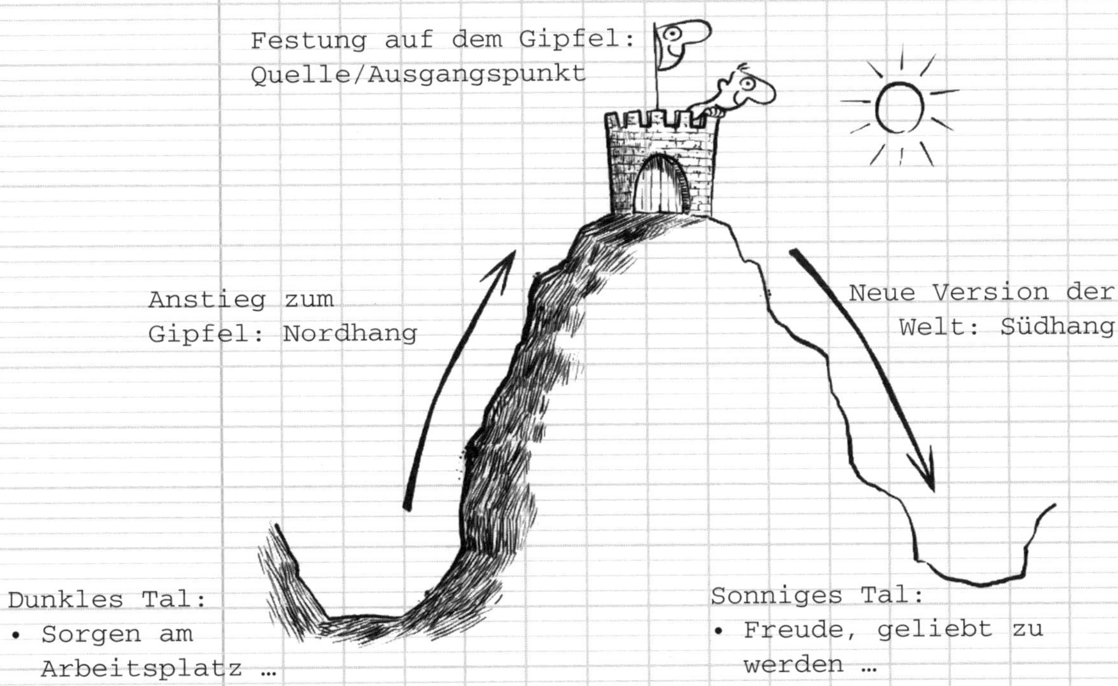

Zögern Sie nicht, bei jeder sich bietenden Gelegenheit den Gipfel Ihres inneren Berges zu erklimmen: Dadurch eignen Sie sich eine unerschütterliche heitere Gelassenheit an und können auch die Wirklichkeit in einem besseren Licht sehen.

Regel Nr. 3:
Meine vielen verschiedenen Identitäten

Ich bin eine Komposition, bestehend aus verschiedenen Identitäten oder Zugehörigkeiten, die von meinem eigenen Wesen auf einzigartige Weise angeordnet wurden. Ich bin ein Regisseur, der vielfältige Rollen spielen kann.

»Ich, das ist ein anderer (...)
Zu jedem Wesen, schien mir,
gehörten mehrere andere Leben.«
Arthur Rimbaud

»Meine Identität erweist sich
als umso unverwechselbarer,
je mehr Zugehörigkeiten ich in Betracht ziehe.«

»Jeder bräuchte sich nur ein paar Fragen zu stellen,
um (...) festzustellen, wie vielschichtig, einzigartig
und unersetzlich er ist.«
Amin Maalouf[4]

Das Drama des Menschen besteht darin, dass sein Bewusstsein sich zusammenzieht – zu einem »Chagrinleder« wie im Roman Balzacs: Mit jedem Wunsch, den das Leder seinem Besitzer

4 Maalouf, Amin: *Mörderische Identitäten.* Übers. von Christian Hansen. Edition Suhrkamp, Frankfurt/M. 2000, S. 20, 23.

erfüllt, schrumpft es ein wenig zusammen, bis es schließlich ganz verschwindet. Darin liegt die Ursache des menschlichen Leidens: Ich identifiziere mich mit einem Körper, der leidet, mit einem Beruf, den ich verlieren könnte, ja sogar mit einem Auto, das kaputtgeht. Aber ich bin so viel MEHR als das!

Um Ihr Bewusstsein zu erweitern und sich aus einer zu engen Struktur zu befreien, machen Sie die folgende Übung: Verbinden Sie die vier Punkte des Vierecks mit nur drei Strichen, ohne den Stift abzusetzen. **Beginnen Sie dabei an Punkt A und kehren Sie wieder zu Punkt A zurück:**

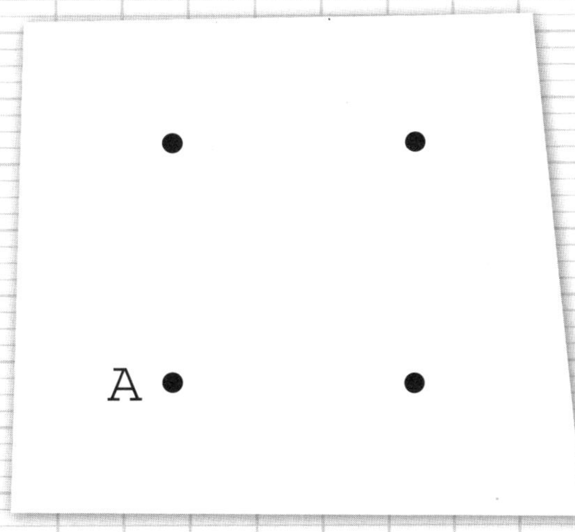

Sie stellen fest, dass Sie keinen Erfolg haben, wenn Sie »Viereck« denken. Sie müssen aus dem Rahmen heraustreten! Tun Sie dasselbe mit sich selbst.

Wie wir bereits gesehen haben, sind Sie eine Komposition aus vielfältigen Identitäten. Diese Identitäten wurden von Ihrem Geist auf einzigartige Weise angeordnet. Problematisch wird es, wenn man sich nur auf eine einzige Identität beschränkt und die anderen vergisst. Gerät diese vermeintlich einzige Identität in Schwierigkeiten, bricht alles zusammen, weil mein »Ich« glaubt, nur aus dieser Identität zu bestehen. Beispielsweise haben wir gesehen, dass Banker nach schweren Verlusten an der Börse Selbstmord begingen. Warum? Weil sie sich mit ihrer Funktion identifizierten und es nicht ertrugen, dass diese beschädigt wurde. Bei einem Blick in den Spiegel sahen sie lediglich das Bild des gescheiterten Finanzmenschen, ließen dabei jedoch außer Acht, dass sie eine Familie hatten, die sie liebte, oder dass sie aus der Sicht von »Normalsterblichen« sogar nach dem Verlust immer noch über einen beneidenswerten Besitz verfügten.

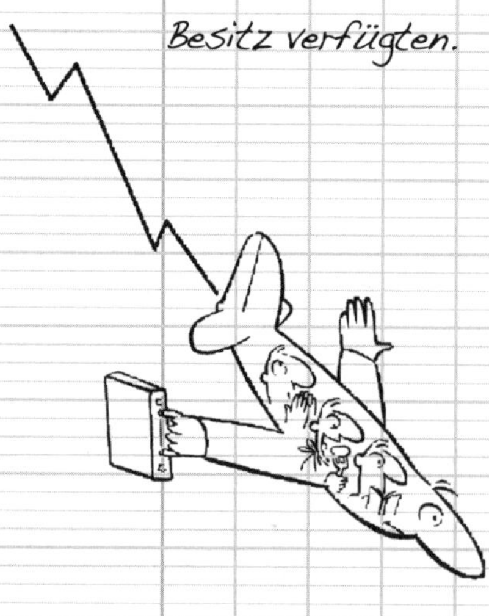

Machen Sie nun eine Bestandsaufnahme Ihrer Identitäten, um sich aus der Krise zu befreien: Betrachten Sie das Ganze mit dem Blick eines Adlers – aus der Vogelperspektive!

Sie können zwei große Identitätskategorien unterscheiden: Die Zustände Ihres »Seins« – dessen, was Sie sind – und Ihre Zugehörigkeiten.

- **Die vier Ebenen Ihres »Seins«:**
  - Körper (zum Beispiel: Ich esse gerne und viel.)
  - Gefühle (zum Beispiel: Ich bin verliebt.)
  - Intellekt (zum Beispiel: Ich lese gerne.)
  - Spiritualität (zum Beispiel: Ich fühle mich zum Buddhismus hingezogen.)
- **Die Zugehörigkeiten:**
  - Ihr Beruf
  - Ihre Familie
  - Ihr Sportverein ...
  - kurz, alle Rollen, die Sie auf der Bühne der Welt spielen.

Und jetzt Sie!

Tragen Sie in das »Haus des Seins« auf der nächsten Seite Ihre verschiedenen Identitäten ein, beginnend beim Körper im Erdgeschoss; dann folgen die Gefühle (1. Etage), der Verstand (2. Etage) und der (religiös-spirituell ausgerichtete) Geist (3. Etage).

Hausherr; Regisseur

Wer bin ich? Ich bin eine Bewusstseinsquelle, die eine einzigartige Komposition aus vielfältigen Identitäten webt.

Geist	(Ich meditiere regelmäßig.)			(Ich bin evangelisch.)			Geist
Denken		(Ich mag Mathematik.)		(Ich bin in einem Schachclub.)			Denken
Gefühle	(Ich bin in X verliebt.)			(Ich bin Mitglied dieser Familie.)			Gefühle
Körper	(Ich fühle mich wohl in meiner Haut.)			(Ich spiele in diesem Fußballverein.)			Körper

Facetten des Seins:
Was ich bin – ganz persönlich

Zugehörigkeiten

Sie können natürlich auch Zimmer hinzufügen. Unterstreichen Sie die Identitäten, die von der Krise betroffen sind und leiden, und kreisen Sie sie schwarz ein.

Verfahren Sie nun genauso, allerdings **in Farbe**, mit den Bereichen, denen es gut geht, und malen Sie diese »positiven Räume« gelb oder rosa aus. Sie werden wahrscheinlich feststellen, dass viele Zimmer in Ihrem Haus des Seins nicht neu gestrichen werden müssen!

Machen Sie derweil einen Hausbesitzer-Rundgang und besichtigen Sie die bunten Zimmer: Stellen Sie sich die Szenen und die Rollen, die Sie spielen, ganz deutlich vor. Sie können auch eine Hierarchie Ihrer Identitäten herstellen, indem Sie sie nach dem Grad ihrer Wichtigkeit ordnen.

Und die Moral dieser »Wer bin ich?«-Übung: Bewohnen Sie nicht nur ein einziges Zimmer in Ihrem Zuhause! Setzen Sie nicht alles – das heißt, all Ihre Energie – nur auf eine einzige Karte.

Strategie Nr. 2: Der Schmetterling
Überflüssiges loswerden, um sich zu befreien

Für den Schmetterling ist die Krise etwas Vorübergehendes. Sie ist die Manifestation einer Blockade des Ich, das sich in eine Situation einschließt. Das Leid ergibt sich aus dem Widerstand gegen eine Veränderung.

Der Schmetterling schlüpft aus dem Kokon und wirft die alte Hülle ab. Und was ist Ihre Hülle? Was ist der »alte Mensch« in Ihnen, der Sie daran hindert, sich zu entfalten?

Regel Nr. 4: Die Zeit verrinnt. Alles geht vorbei, nichts bleibt.

»Alles fließt. Man kann nicht zweimal in denselben Fluss steigen.«

Heraklit

»Unterm Pont Mirabeau fließt die Seine.
Was Liebe hieß,
muss ich es in ihr wiedersehn?
Muss immer der Schmerz vor der Freude stehn?«

Guillaume Apollinaire[5]

5 Nachdichtung: Hans Magnus Enzensberger, zit. n. Madeleine Bourdouxhe: *Unterm Pont Mirabeau fließt die Seine. Erzählung.* Piper, München/Zürich 1998.

Zeichnen Sie den Aphorismus des Philosophen Heraklit, um ihn sich besser einzuprägen!

Schon allein das Betrachten dieser Wahrheit – alles geht vorüber! – dürfte eine gewisse Last von Ihnen nehmen. Ihr Leid wird nicht ewig andauern; der große Fluss der Zeit wird es davontragen. Derzeit sind Sie zwar gerade in einem Tunnel, aber Sie werden auch wieder an sein Ende gelangen. Und dann wird das Tageslicht umso schöner strahlen. Um sich davon zu überzeugen, brauchen Sie nur den Kopf aus dem Wasser zu halten und dann ... auf die Mirabeau-Brücke zu steigen. Von diesem Aussichtspunkt aus können Sie einen größeren Teil des Flusses sehen und feststellen, dass das Wasser, das flussaufwärts fließt – das also in Zukunft auf Sie zukommen wird –, sich von dem Wasser unterscheidet, das gerade unter Ihren Füßen dahinfließt:

Es führt weniger Schutt mit sich. Denn das Wasser erneuert sich ständig.

Damit Ihnen all das klarer wird, malen Sie die Szene unten bunt aus. Die Person auf der Brücke sind Sie selbst, und der kleine schwarze Mann im Boot symbolisiert jenes Stück Ihrer Identität, das leidet. Schreiben Sie Ihr Leid mit einer treffenden Formulierung in die Sprechblase, und stellen Sie sich dann vor, wie das Boot sich entfernt, auf dem Wasser wegtreibt, während Sie selbst auf der Brücke stehen bleiben – wie Guillaume Apollinaire sagt: »Nacht komm herbei, Stunde schlag! Ich bleibe, fort geht Tag um Tag.« Aber wer ist denn überhaupt dieses »Ich«?

Das Bewusstsein ist mit einem Spiegel vergleichbar. Wenn Sie sich von Ihren Schwierigkeiten überwältigen lassen, ist er fleckig, sogar verzerrt, und Sie sehen die Welt nicht mehr klar. Sie denken nicht mehr richtig, ganz wie Ihr Spiegel. Er sollte deshalb vom Schmutz befreit werden.

Das Rechteck unten zeigt diesen Spiegel: Schreiben Sie die Auswirkungen Ihres Problems mit Bleistift auf die Oberfläche und kreisen Sie sie in einem Strich ein.

Beispiel für einen Fleck auf dem Spiegel:

Radieren Sie nun die Flecken und ihren Inhalt energisch wieder weg.
Zeichnen Sie zum Schluss in bunten Farben eine wunderbar strahlende Sonne oder eine schöne Landschaft mitten auf den Spiegel.

Sie können auch Ihren Atem benutzen, um sich von einem Problem zu befreien. Hier drei kleine Übungen, die Ihnen eine wertvolle Hilfe sein werden:

Erste Übung: Atemhauch, um sich zu reinigen

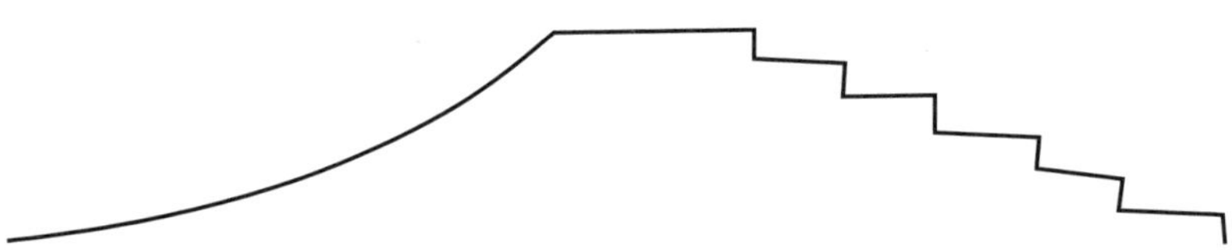

1. Atmen Sie über die Länge der ansteigenden Kurve hinweg kontinuierlich ein und steigen Sie dabei auf den Gipfel des Berges.
2. Visualisieren Sie, während Sie eine Weile die Luft anhalten, Ihre Probleme im Tal unter Ihnen als dichten Nebel oder schwarzen Rauch, der die Luft verschmutzt.

3. Atmen Sie stoßweise aus und blasen Sie dabei stark (durch den Mund, wenn Sie wollen), um den Nebel oder den Rauch zu vertreiben. Steigen Sie dabei Stufe für Stufe die Treppe hinunter.
4. Ruhen Sie sich am Ende des Ausatmens einen Moment lang aus. Stellen Sie sich dabei eine sonnenbeschienene Landschaft vor.

Hinweis: Bei dieser Übung können Sie auch die Arme zu Hilfe nehmen.
Kreuzen Sie die Unterarme über der Brust; die rechte Hand liegt auf der linken Schulter, die linke auf der rechten Schulter.
Heben Sie beim Einatmen ruhig die Ellenbogen, bis sie waagerecht sind.
Atmen Sie dann stoßweise aus, während Sie die Arme wieder sinken lassen.

Sie können diese Übung auch »nur« in Gedanken ausführen, indem Sie sie visualisieren.

Zweite Übung: Der Wind vertreibt die Wolken am Himmel

1. Setzen oder legen Sie sich hin, schließen Sie die Augen, und nehmen Sie Ihren Körper ganz bewusst wahr, indem Sie von unten nach oben wandern: Füße, Knie, Becken, Rücken, Hände, Schultern, Hals, Kopf.
2. Spüren Sie Ihren Atem im Unterleib, in der Brust und dann in der Nase. Beobachten Sie dann den Stirnraum und das sanfte Leuchten, das von außen durch Ihre Lider dringt.

3. Visualisieren Sie den Himmel unter Ihrer Schädeldecke: Gerade jetzt ist er mit dunklen Wolken bedeckt, die all Ihre Sorgen und künstlichen Identitäten symbolisieren.
4. Atmen Sie ein, während Sie sich die Sonne hinter der Wolkendecke vorstellen. Atmen Sie dann wieder aus und visualisieren Sie Ihren Atem als heftigen Wind, der die Wolken allmählich von Ihrem inneren Himmel vertreibt.

Wiederholen Sie diese Atmung mehrmals. Am Ende der Übung finden Sie sich unter einem azurblauen Himmel wieder, und das Tagesgestirn strahlt am Zenit. Atmen Sie sein Licht ein und lassen Sie es beim Ausatmen Ihr ganzes Sein durchdringen.

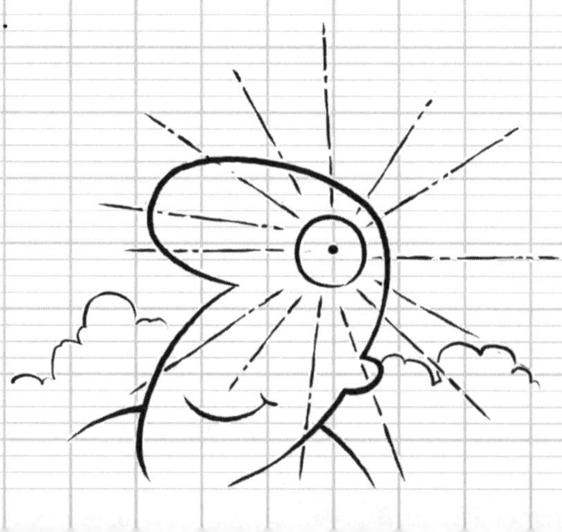

Dritte Übung: Die Toboggan-Rutsche zur Entspannung

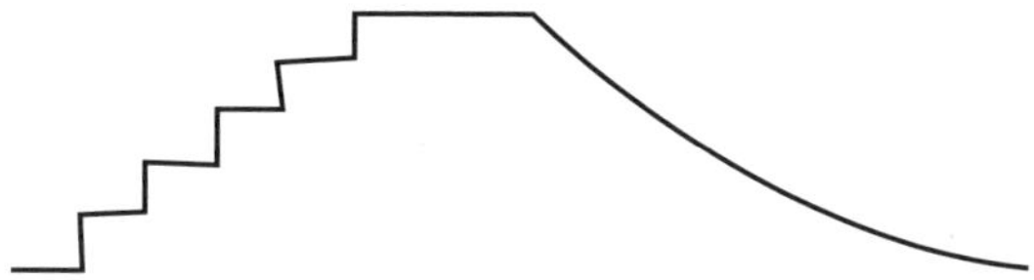

1. Steigen Sie, indem Sie mit dem Blick dem Verlauf der Skizze folgen, die Tobbogan-Rutsche hinauf, bis Sie ganz oben angelangt sind. Atmen Sie dabei stoßweise Stufe für Stufe ein.
2. Atmen Sie sanft und lange aus, bevor Sie hinunterrutschen und auf einem sonnigen Strand oder in reinem, erfrischendem Wasser landen.

Strategie Nr. 3: Die Eule – Verstehen

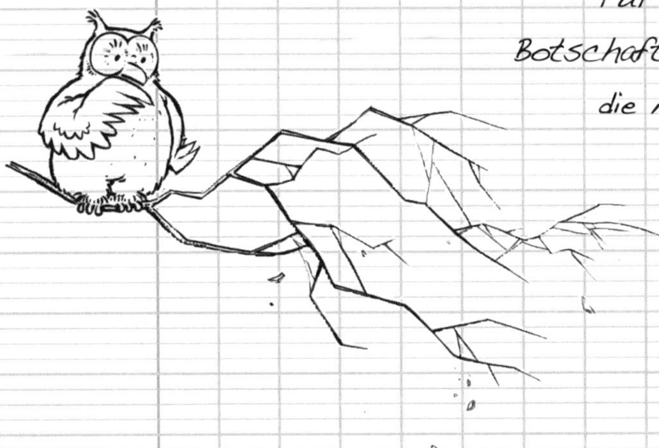

Für die Eule ist eine Krise eine Botschaft des tiefsten Wesenskerns, die mich auf eine Störung aufmerksam machen will, damit ich mehr Klarheit über mein Leben gewinne.

Regel Nr. 5: Die Intelligenz des Universums

Die Welt ist ein riesiger, vernunftbegabter Organismus. Die Lebenssituationen, die ich durchlebe, sollen mir helfen, mich zu entwickeln.

»In der Harmonie der Naturgesetzlichkeit offenbart sich eine so überlegene Vernunft, dass alles Sinnvolle menschlichen Denkens und Anordnens dagegen ein gänzlich nichtiger Abglanz ist.«

Albert Einstein[6]

6 Albert Einstein: »Die Religiosität der Forschung.« In Carl Seelig (Hg.): *Mein Weltbild.* Ullstein, Berlin 2005.

»*Alles, was geschieht, ist so natürlich und vorherbestimmt wie eine Rose im Frühling und Früchte im Sommer. Keinem Menschen widerfährt etwas, das er nicht seiner Natur nach auch ertragen könnte.*«

Marcus Aurelius

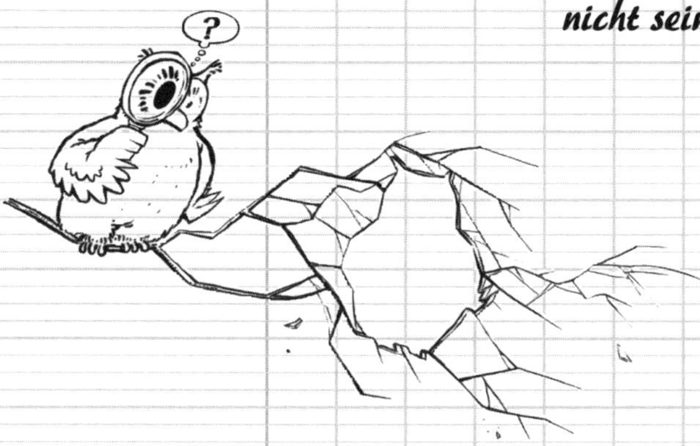

Daher auch die folgende Frage: Warum zeigt sich Ihr Problem, diese bittere Frucht, gerade jetzt? Was lernen Sie daraus über sich selbst?

Regel Nr. 6: Die Weisheit unseres »tiefen Selbst«

Platon und die Weisen des alten Indien vergleichen den Menschen mit einem Pferdegespann vor einem Wagen:

»*Erkenne das Selbst als den Herrn der Kutsche. Der Körper ist der Wagen, die Vernunft der Wagenlenker und das Denken die Zügel. Die Sinne sind die Pferde, die Objekte die Wege.*«

Katha Upanischade (II. 3-4)

Die Krise, die ich im Moment durchlebe, ist lediglich eine Szene meines Lebens, gespielt von einer kleinen Figur – einer meiner Facetten –, die mein Selbst, mein innerstes Ich mir geschickt hat: Es nähert sich getarnt und will sich bemerkbar machen. Es handelt sich also um ein Signal, das an mein Bewusstsein geschickt wird, um ihm mitzuteilen, dass sein globales Lebensprojekt aus den Fugen gerät: Der Reisende in der Kutsche hat bemerkt, dass das Terrain, auf dem er sich bewegt, chaotisch ist. Dem Kutscher fällt nichts auf; dann aber löst sich ein Rad (schlechtes körperliches Befinden) oder ein Pferd verletzt sich (emotionales Problem), sodass die Fahrt vorübergehend zum Halt kommt.

Jede Krise ist die Offenbarung eines unbewussten Teils des Wesens, das eingeschlossen bleibt und danach verlangt, anerkannt und integriert zu werden.

Sie erscheint als eine **Blockade des innersten Wesens**, die einen Widerstand gegen das, was ich wirklich bin, offenbart. Sie bietet also die Gelegenheit, tiefer in sich zu gehen und zu reifen.

Das Ich bzw. Selbst – der Reisende – kann auch durch einen alten Weisen symbolisiert werden, der aus den Tiefen Ihres inneren Himmels zu Ihnen spricht. Stellen Sie ihn sich vor! Der springende Punkt dabei ist, **wie** Sie seine Nachricht auffassen, ohne sie zu entstellen. Ein weiteres Bild wird Ihnen dabei helfen: Für die alten Meister des Ostens ist der Ausdruck des Selbst vergleichbar mit dem Spiegelbild des Mondes auf dem Meer, das für Ihren Geist steht. Zwei Situationen sind möglich:

- Ihr Geist ist in Bewegung wie das aufgewühlte Meer, und das Bild des Mondes wird in viele kleine leuchtende Flecken auf dem Wasser zerstückelt. Sie erkennen die Botschaft nicht. Malen Sie die Zeichnung bunt aus, und schreiben Sie auf, was Sie empfinden:

Situation 1: Aufgewühltheit

- Sie beruhigen Ihren Geist und die Mondscheibe wird daraufhin einwandfrei als Ganzes im Wasser Ihres Bewusstseins widergespiegelt. Malen Sie die Zeichnung bunt aus und schreiben Sie, was Sie empfinden:

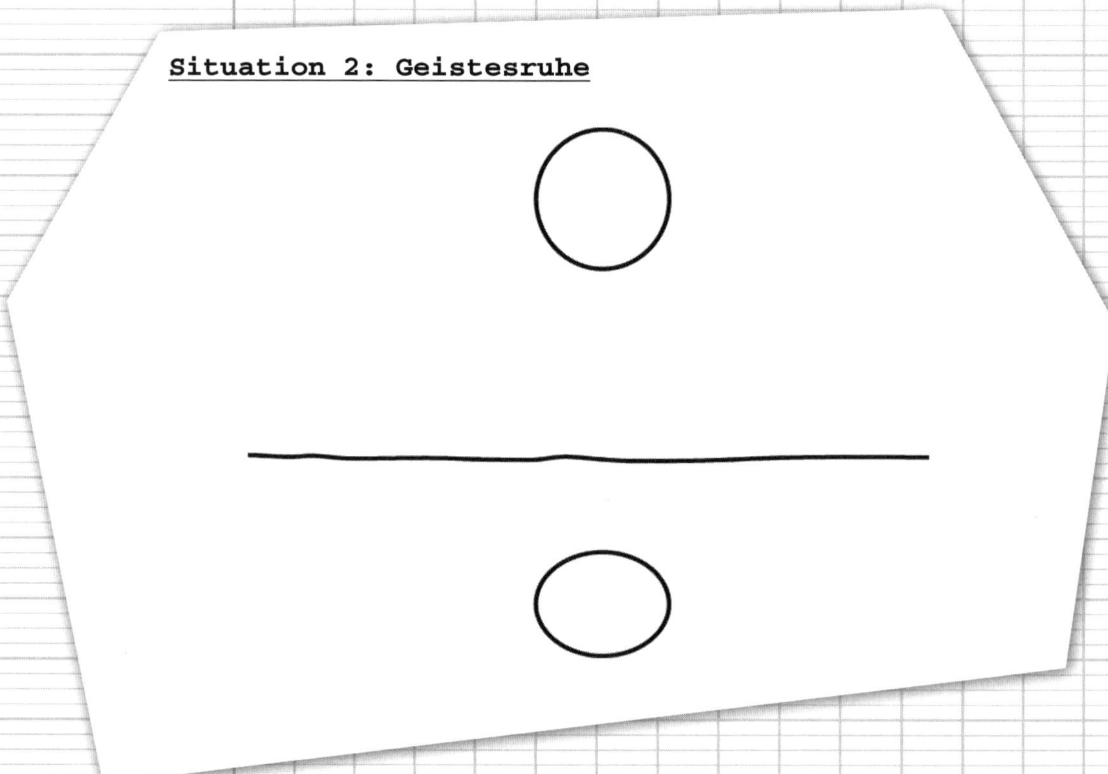

Aber wie muss man konkret vorgehen, um die Wellen des Denkens zu beruhigen? Hier eine zuverlässige Methode: Das achtsame Beobachten der eigenen Empfindungen und Gedanken.

Der Beobachter: Nicht urteilendes Gewahrsein

1. **Verinnerlichen:** Nachdem Sie die Augen geschlossen haben, nehmen Sie zunächst Ihren Körper bewusst wahr, dann Ihren Atem. Entspannen Sie die Augenlider und beobachten Sie das Leuchten, das sie durchdringt. Sie halten sich im Hintergrund, auf Ihrem Beobachtungsposten; Sie richten Ihre Aufmerksamkeit auf den Raum vor sich und auf eventuelle Lichtvariationen und Farbflecken, die sich vor Ihnen zeigen.

2. **Beobachten:** Sie sind geistig vollkommen zur Ruhe gekommen und entspannt, bleiben aber trotzdem auf Ihrem Beobachtungsposten und lassen den Fluss der Gedanken und Empfindungen vor sich ablaufen. Versuchen Sie nicht, sich auf einen bestimmten Gedanken oder eine Empfindung zu fixieren. Wenn einer davon bleiben will, heißen Sie ihn ganz einfach willkommen, bis er wieder geht. Sie sind nur ein Beobachter, kein Polizist. Spüren Sie, wie der Tanz der Wahrnehmungen immer langsamer wird. Die Wogen des Wassers beruhigen sich, sobald Sie nicht mehr in seinen Strudeln schwimmen. Es genügt, einfach nur Zeuge zu sein, die Wahrnehmungen vorüberziehen zu lassen, ohne sich von den Wellen mitreißen zu lassen.

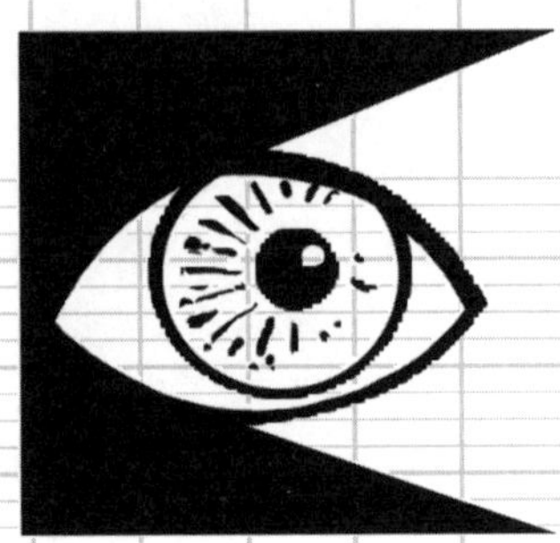

3. Rückkehr zur Außenwelt: Spüren Sie wieder Ihren Körper, dann Ihren Atem. Öffnen Sie wieder die Augen.

Nachdem der Geist zur Ruhe gekommen ist, kann das Selbst sich ausdrücken, indem es sich in Ihnen widerspiegelt. Lenken Sie seine Klarheit auf Ihr Problem. Bühne frei für den Kern Ihres Leidens: Machen Sie es wie der Dichter René Daumal, wenn er seine Angst betrachtet:

»Eines Nachts hatte ich eine großartige Idee: Statt die Angst zu erdulden, wollte ich sie beobachten, sehen, wo sie ist, was sie ist. Ich erkannte dann, dass sie mit einer Anspannung im Bauch und im Brust- und Kehlbereich zusammenhing. Ich versuchte, mich zu entspannen und meinen Bauch zu lockern. Die Angst verschwand.«

Diese einfache Erkenntnis wird Sie beruhigen und auch René Daumal konnte sich dadurch von seiner Angst befreien. Aber auch Sie haben die Möglichkeit, der Krise ins Gesicht zu blicken, ihre Botschaft zu hören und zu ihr zu sprechen. Beginnen Sie damit, dass Sie sie auf dem Papier beschreiben. Sie können entweder einen kleinen Text verfassen und das, was sich im Lauf der Zeit ereignet, an die Oberfläche kommen lassen, ohne etwas auszufiltern. Oder Sie analysieren die Situation auf den verschiedenen Ebenen Ihres Seins:

- körperlich (Wagen/Korpus der Kutsche): zum Beispiel eine Verspannung eines Körperteils;
- emotional (Pferde): ein Wunsch, der sich nicht erfüllt hat, oder der Verlust einer Freundschaft;
- geistig-verstandesmäßig (Kutscher): ein bestimmter negativer Gedanke;
- »spirituell« (der Reisende): zum Beispiel der Verlust eines Ideals.

Und nun Sie!

Titel: ______________________

Geben Sie Ihrem Problem dann ein »Gesicht«. Beispielsweise kann die Angst die Form eines Tintenfischs annehmen. Zeichnen Sie diese Darstellung in das unten abgebildete Quadrat.

Nun sind Sie bereit, mit Ihrem »personifizierten Leiden« in einen **Dialog zu treten**. Dieser Dialog vollzieht sich in zwei Richtungen:

- Von der betreffenden »Personifizierung« zu Ihnen: Hören Sie sich an, was sie zu sagen hat, und schreiben Sie es auf!

- Von Ihnen zu ihr: Sie sprechen mit ihr wie Charles Baudelaire mit der »Dame Leid«: **»Sei ruhig, o mein Leid, und klage schwächer!«**[7]

Ergänzen Sie die folgende Tabelle:

Mitteilung vom »Mann in Schwarz«:
Ein paar Worte von Ihnen:

Nach diesen Übungen fühlen Sie sich bestimmt erleichtert und gelassener: Die simple Tatsache, dass Sie Ihr Problem in Worte fassen, lässt eine gewisse Distanz dazu entstehen, objektiviert das Problem und ermöglicht Ihnen, es besser zu verstehen.

7 Übers. von Stefan George.

Strategie Nr. 4: Der Zauberer
Sich selbst (ver-)wandeln

Für den Zauberer ist eine Krise eine Aufforderung, seine Werte und Einstellungen zu ändern. Ein Appell, sich zu transformieren.

Regel Nr. 7: Die Macht der Imagination

Dank meines Vorstellungsvermögens kann ich mein Leben neu schaffen und ihm eine andere Farbe geben, indem ich neue Werte lebe.

»Mancher Vorfall ist das Erzeugnis einer starken Einbildungskraft.«

Montaigne

Ich bin Meister in Zauberkünsten. Hört zu! …
Ich bin in allen Künsten bewandert![8]

Rimbaud

Der **erste Zauberer** heißt **Epiktet** – dieser griechische befreite Sklave, der sich außerdem auch von unnützen Sorgen und Scherereien befreite. Er schlägt mir zunächst vor, mich wieder auf das zu besinnen, was **ich wirklich selbst in der Hand habe,** und vergleicht diesen Raum der Freiheit mit einer inneren Zitadelle, in der ich als Herr oder Herrin regiere.

Was unterliegt unmittelbar meinem Einflussbereich?

- Die Art, wie ich eine Situation **darstelle** oder **beurteile**. Ich kann dasselbe Ereignis positiv oder negativ sehen.
- Die **Entscheidung**, umgehend etwas zu **tun**.

Und was habe ich nicht oder nicht mehr in meiner Hand?

- Die **äußeren Gegebenheiten** an sich: das Wetter, die Stimmung meines Nachbarn …

8 Arthur Rimbaud, übersetzt von Carl Andreas. Rowohlt Klassiker, Reinbek bei Hamburg 1963, S. 135-137.

- Meine **früheren Taten**: Ich kann sie nicht mehr rückgängig machen. Sinnlos, sie zu bedauern.

Die Börsenkurse selbst zum Beispiel (äußere Realität) liegen zwar nicht in meinem Einflussbereich, wohl aber die Art, wie ich den Kursverfall mir selbst gegenüber darstelle, oder meine Entscheidung, wie ich in diesem Moment darauf reagiere. Ich kann zwar nicht das Geringste an den Börsenwerten ändern, aber ich kann mein sinkendes Guthaben als eine Gelegenheit sehen, einfacher zu leben.

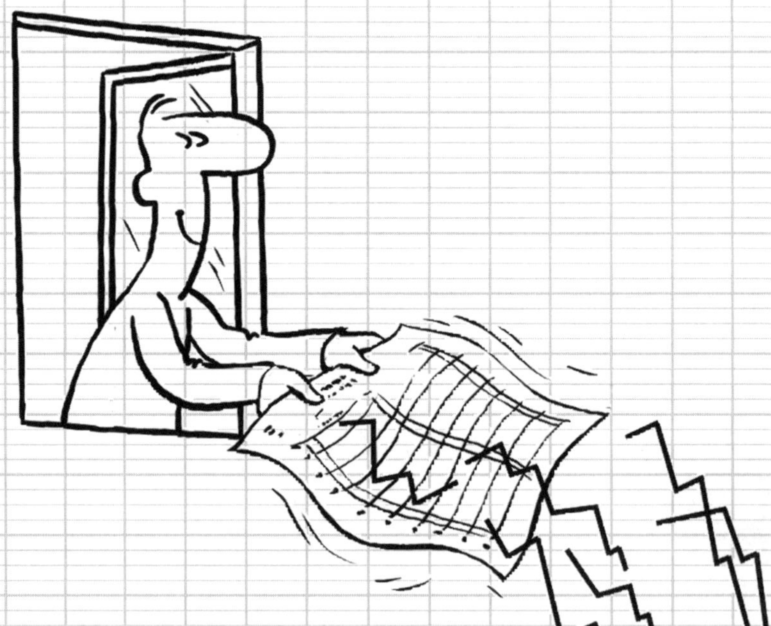

Betrachten Sie die beiden unten abgebildeten Bereiche. Schreiben Sie in Bezug auf Ihr spezielles Problem (oder auf die Krise im Allgemeinen) im oberen Kreis (Freiheit) alles auf, was Sie selbst in der Hand haben. Schreiben Sie dann in den unteren Kreis (Sklaverei) alles, was nicht Ihrem Einfluss unterliegt.

Seien Sie dabei so konkret wie möglich!

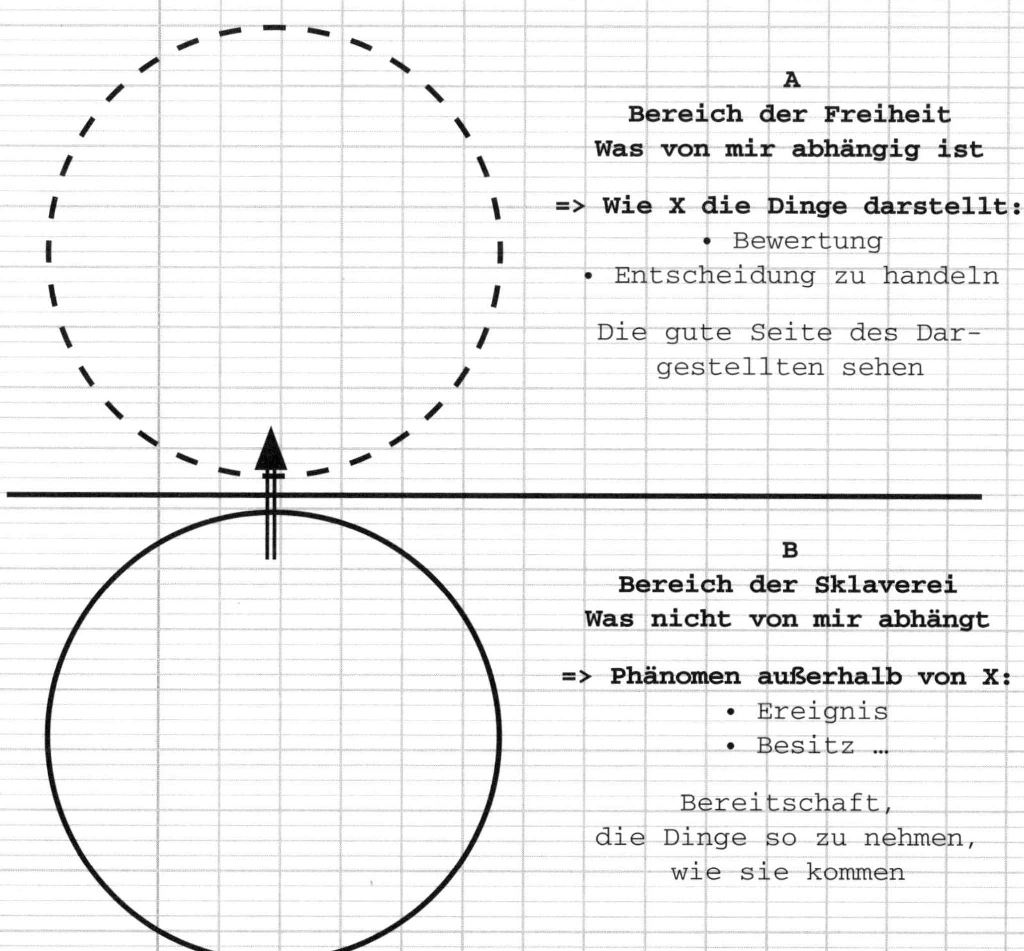

Für den Bereich B (unterer Teil der Darstellung auf S. 49) empfiehlt Epiktet, **das anzunehmen, was ist.** Was nützt es, angesichts der Wirtschaftskonjunktur in Hoffnungslosigkeit zu verfallen oder über die miesen Zeiten zu schimpfen?
Konzentrieren Sie sich lieber auf Bereich A. Malen Sie ihn in der Abbildung gelb aus.
Prüfen Sie, wie weit Sie imstande sind, die Art, Ihr Problem aufzufassen, zu verändern, und das Positive daran wahrzunehmen.
Meditieren Sie zunächst über folgende wahre Aussage von Epiktet:

**»Jedes Ding hat zwei Henkel.
An dem einen kann man es tragen,
an dem anderen nicht.«**

Machen Sie nun die »Waage«-Übung
(s. Abb. auf der nächsten Seite):
Tragen Sie auf der linken Waagschale in Schwarz die Minuspunkte Ihres Problems ein, ohne zu übertreiben. Schreiben Sie rechts die Pluspunkte der Situation in Farbe hin. Visualisieren Sie diese Aspekte so klar wie möglich.
Nehmen wir zum Beispiel den Verlust des Arbeitsplatzes: Als Minuspunkt könnte man die Verschlechterung des Lebensstandards in materieller Hinsicht anführen; rechts dagegen, auf

der positiven Seite, ließe sich der Zeitgewinn hervorheben, den man nutzen könnte, um mehr Zeit mit seinen Freunden zu verbringen oder sich beruflich weiterzubilden. Oder aber man freut sich über die Befreiung aus einer schwierigen Arbeitssituation.

Und jetzt sind Sie wieder dran!

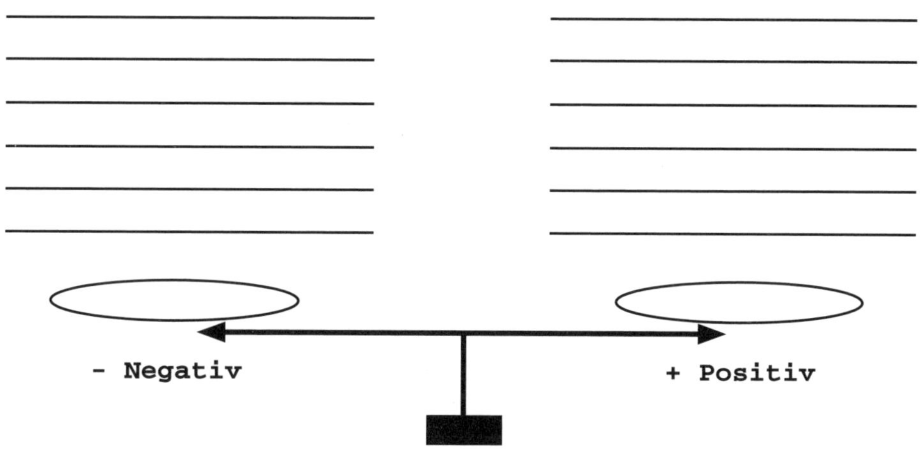

Streichen Sie mit einem schwarzen Filzstift die negativen Aspekte mit einem Kreuz durch. Konzentrieren Sie sich auf die Wahrheiten auf der rechten Seite.

Machen wir uns nun auf zu einer Begegnung mit dem **zweiten Zauberer**. Es ist ein indischer Swami, der noch lebt: **Swami Satyananda.**

Er hat eine Methode der Yogatradition übernommen, die sehr wirksam ist, um sich zu transformieren: **Yoga Nidra**. In einem Zustand der tiefen Entspannung, zwischen Wachen und Schlafen, programmieren Sie sich neu und pflanzen dabei tief in sich ein kleines Saatkorn, das keimen und Früchte tragen wird. Es wird als **sankalpa** bezeichnet und präsentiert sich in Form eines kurzen Satzes mit einer positiven Aussage, den Sie wiederholen, um nach und nach Ihr Problem zu überwinden.

Beim Formulieren dieses Satzes sollten Sie drei Regeln beherzigen:

- Er sollte **kurz** und klar sein.
- Es sollte eine **positive** Aussage sein: Sagen Sie zum Beispiel »Ich werde immer gesünder« und nicht »Ich habe keine Schmerzen mehr«, denn Ihr Unterbewusstsein würde in diesem Fall den Begriff »Schmerzen« registrieren, nicht aber die Verneinung. Fokussieren Sie sich auf das Gute!
- Geben Sie dem Ganzen **genügend Zeit, um zu wirken** und das (allmähliche) Fortschreiten der Heilung zu respektieren: Statt »Mir geht es gut«, sagen Sie lieber »Mir geht es immer besser«. Im ersten Fall wäre die Kluft zwischen Ihrem Wunsch und der tatsächlich vorhandenen Realität zu groß: Ihr Unterbewusstsein würde Sie für eine(n) Lügner(in) halten!

Wenden Sie diese Prinzipien an und verfassen Sie für Ihr spezielles Problem ein **Sankalpa** in Ihrer Lieblingsfarbe. Sie können die Formulierung noch durch ein Bild ergänzen, das die Szene veranschaulicht. Beziehen Sie sich selbst als Akteur ein:

Mein Sankalpa	Zeichnung, Bild oder Beschreibung der Szene
… … …	

Nun sind Sie bereit für eine **Yoga-Nidra**-Sitzung:

1. **Vorbereitung:** Legen Sie sich auf den Rücken, schließen Sie die Augen und finden Sie eine bequeme Position. Lauschen Sie den Geräuschen, die von außen kommen, ohne sie jedoch zu analysieren.

2. **Sankalpa:** Wiederholen Sie Ihr **Sankalpa** dreimal. Kombinieren Sie es mit einer suggestiven Szene.

3. **Tour des Bewusstseins durch den Körper:** Scannen Sie Ihren ganzen Körper! Durchlaufen Sie all seine Teile, die Sie dabei intensiv wahrnehmen, und wiederholen Sie währenddessen rhythmisch die Bezeichnung des betreffenden Körperteils. Gehen Sie dabei in folgender Reihenfolge vor:

- **Rechte Seite:** Daumen der rechten Hand, Zeigefinger, Mittelfinger, Ringfinger, kleiner Finger, Handfläche, Handoberseite, Ellenbogen, Schulter, Brust rechts, Gesäß rechts, Knie, Wade, Ferse, Fußoberseite, Zehen, Fußsohle.
- **Linke Seite:** Dieselbe Reihenfolge wie auf der rechten Seite.
- **Kopf:** Oberkopf, Stirn, Schläfen, Ohren, Wangen, Augen, Punkt zwischen den Augenbrauen, Nasenspitze, Lippen, Zunge.
- **Wiederholung:** gesamter Kopf, beide Arme, beide Beine, gesamter hinterer Körper, gesamte Körpervorderseite, ganzer Körper.

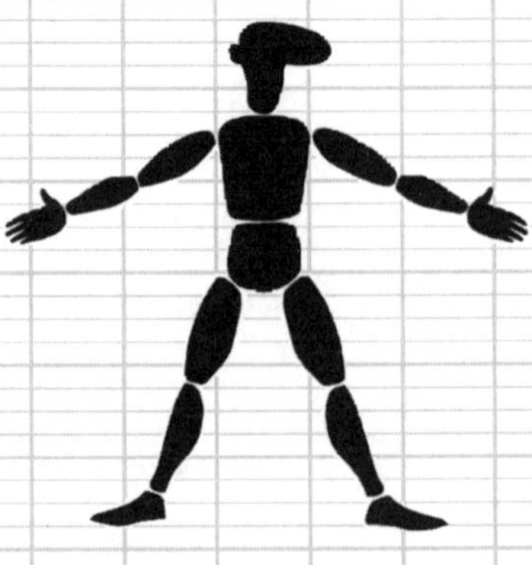

4. **Atem:** Beobachten Sie Ihren Atem auf drei »Etagen«.

- **Unterleib:** Beim Einatmen rundet sich der Bauch wie ein Ballon, der sich aufbläht, beim Ausatmen sinkt er wieder in sich zusammen. Zählen Sie 5 Atemzüge (Ein- und Ausatmung) und beginnen Sie die Zählung bei 5.

- **Brust:** Sie öffnet sich wie ein Regenschirm, wenn Sie einatmen, und schließt sich beim Ausatmen wieder; machen Sie wieder 5 Atemzüge.
- **Kleines Nasendreieck:** Beim Einatmen steigt die Luft durch die Seiten des Dreiecks bis zu dem Punkt zwischen den Augenbrauen nach oben; beim Ausatmen geht er wieder zurück zur Basis des Dreiecks.

5. **Stirnbereich:** *Betrachten Sie von innen das sanfte Leuchten, das durch Ihre Augenlider dringt.*

6. **Geistiger »Bildschirm«:** *Visualisieren Sie in schnellen Bildern sieben Landschaften, die Sie mögen, zum Beispiel einen Sonnenuntergang über dem Meer, ein Feld mit Mohnblumen, die Wüste, einen Wasserfall in den Bergen, einen zwitschernden Vogel ...*

Sie können auch geistig eine Situation durchleben, zum Beispiel aus einer Höhle herauskommen, zu einer paradiesischen Insel segeln oder bergsteigen ...

7. **Sankalpa:** *Wiederholen Sie dreimal Ihren Ausspruch.*

8. **Rückkehr in die Außenwelt:** *Nehmen Sie den Stirnbereich, den Atem und dann Ihren ganzen Körper wieder bewusst wahr. Bevor Sie die Augen öffnen, sprechen Sie wieder dreimal Ihr Sankalpa.*

Hinweis: Diese Übung kann verschiedene Formen annehmen und auch im Sitzen durchgeführt werden, zum Beispiel im Zug. Sie brauchen nur die Reihenfolge der einzelnen Schritte einzuhalten: Körper, Atem, Stirnbereich, geistiger »Bildschirm«, Rückkehr zur Außenwelt. Das Sankalpa wird zu Beginn, in der Mitte und am Ende der Übung wiederholt.

Nun zum **dritten Zauberer**, der **Plotin** heißt. Dieser Schüler Platons schlägt vor, man solle sein Leben aus dem Stein herausmeißeln, indem man den Steinblock, zu dem man geworden ist, in eine großartige Statue verwandelt:

»Halte es wie der Bildhauer mit einer Statue, die schön werden soll: Er entfernt einen Teil, schabt an einem anderen, glättet den einen Bereich und säubert den anderen, bis er das schöne Gesicht der Statue zur Erscheinung bringt. Genauso musst du alles Oberflächliche entfernen, das Krumme geraderücken und alles Dunkle bereinigen, bis du es zum Leuchten bringst. Hör nie auf, deine Skulptur zu formen …«[9]

Zeichnen Sie diesen schönen Sinnspruch Plotins ganz frei:

Halte es wie der Bildhauer …

9 Plotin, *Enneaden*, 1. Enneade, 6. Buch (»Über das Schöne«)

Sie brauchen nicht zu warten, bis der Marmorblock zu einem Grabstein wird. Beginnen Sie also sofort, die Statue aus ihm herauszumeißeln!

Die Zeichnung unten zeigt die zukünftige Statue, die noch im Stein eingeschlossen ist. Schreiben Sie Ihre **ideale Persönlichkeit** in die Figur hinein, das Positive an Ihnen und das, was Sie wirklich sein wollen.

Schreiben Sie auf dem Marmor, der die Statue außen umgibt, alles auf, von dem Sie sich befreien wollen: Probleme, überflüssigen Besitz, Masken … kurz: Ihre alte Haut.

Und jetzt: Malen Sie die Figur, die im Marmor eingesperrt ist, bunt aus und schneiden Sie sie aus. Zerknüllen Sie das restliche Papier und werfen Sie es in den Müll. Bewahren Sie die ausgeschnittene Figur, dieses Symbol Ihres »Ideal-Ich«, auf und tragen Sie sie immer bei sich. Sie haben Ihr Leben aus dem Stein herausgehauen und für sich eine Statue entworfen!

Zum Schluss:
Haben oder Sein?

Kommen wir noch einmal auf die Wirtschaftskrise zurück! Sie werden feststellen, dass sie vor allem den Bereich des **Habens** betrifft, die Herrschaft der **Quantität**. Was hingegen das **Sein** angeht, das sich auf die Lebens**qualität** auswirkt: Sie können dafür sorgen, dass es kaum davon beeinträchtigt wird – oder sich sogar noch verbessert –, indem Sie die Situation am richtigen »Henkel« ergreifen, wie Epiktet es ausdrücken würde. Sortieren Sie also Ihr Leben so, dass Sie das Haben beiseitelegen und sich wieder auf das Sein konzentrieren (Freundschaften, Waldspaziergänge, Lesen ...).

Und nun, da wir am Ende des Hefts angelangt sind, noch eine goldene Regel:

Lassen Sie nicht zu, dass die Krise des Habens auf den Bereich des Seins übergreift!

Symbolisieren Sie diese Regel mit einer eigenen Zeichnung:

Hier Ihre Zeichnung:

Und wenn diese Krise eine Gelegenheit wäre für eine Massenfluchtbewegung, weg vom Haben, hin zum Sein?

Wenn Sie die Nachrichten sehen oder Ihre Tageszeitung lesen, stellen Sie sich die folgende einfache Frage: Wie viele Überschriften betreffen das Haben und wie viele das Sein? Sie werden bemerken, dass die erste Kategorie die zweite übertrifft: Das Sein wird vom Haben erdrückt!

Was tun? Hören Sie nicht länger den lieben langen Tag Politikern und Wirtschaftsfachleuten zu, all diesen **Doktoren des Habens!** Hier der Rat von Charles Baudelaire: **»Berauscht euch mit Poesie!«** Ist Dichtung nicht das radikalste Heilmittel gegen das übertrieben »aufgeblähte« Haben? Zerreißen Sie mit Arthur Rimbaud den trüben Himmel Ihrer Welt, und eröffnen Sie andere Perspektiven:

»Endlich, oh Glück, o Vernunft, trennte ich vom Himmel
das Azur, das vom Schwarzen herkommt,
und ich lebte, goldener Funke, vom Lichte
Natur (...)
Sie ist neu gefunden!
Wer? Die Ewigkeit.
Ist das Meer, verbunden
Dem Sonnenschein.«[10]

Arthur Rimbaud

10 Arthur Rimbaud: *Ein Aufenthalt in der Hölle*. Übersetzt von Thomas Eichhorn. Rimbaud Verlagsgesellschaft, Aachen 2001.

Etymologisch bedeutet **Poesie** »Kreation, Erschaffung«: Kreieren Sie Ihr Leben, schaffen Sie neue Landschaften, wie Arthur Rimbaud!

Die Zukunft kann nur poetisch sein! Möge die Zeit der Dichter kommen!

Literatur

Diegelmann, Christa; Isermann, Margarete: Kraft in der Krise: Ressourcen gegen die Angst. Klett-Cotta, Stuttgart 2012

Grün, Anselm: Trau deiner Kraft. Mutig durch Krisen gehen. dtv, München 2011

Gruhl, Monika: Die Strategie der Stehauf-Menschen: Krisen meistern mit Resilienz. Kreuz, Freiburg 2010

Stavemann, Harlich: Im Gefühlsdschungel: Emotionale Krisen verstehen und bewältigen. Beltz, Weinheim 2001

Pieper, Geoarg: Überleben oder Scheitern. Die Kunst, in Krisen zu bestehen und daran zu wachsen. Albrecht Knaus Verlag, München 2012

Welter-Enderlin, Rosemarie; Hildenbrand, Bruno: Resilienz. Gedeihen trotz widriger Umstände. Carl Auer Verlag, Heidelberg 2012

Die Bibliothek der guten Gefühle

Aus dem Französischen von Claudia Seele-Nyima
Illustrationen von Jean Augagneur
64 Seiten, broschiert

Das kleine Übungsheft:

Xavier Cornette de Saint Cyr
Verborgene Talente entdecken
ISBN 978-3-941837-52-2

Alice le Guiffant & Laurent Pare
Ausmisten und wieder durchatmen
ISBN 978-3-941837-71-3

Ilios Kotsou
Achtsamkeit
ISBN 978-3-941837-95-9

Ilios Kotsou
Emotionale Intelligenz
ISBN 978-3-941837-50-8

Odile Lamourère
Freunde gewinnen und bessere Beziehungen führen
ISBN 978-3-941837-70-6

Erik Pigani
Entschleunigen
ISBN 978-3-941837-94-2

Pierre Rabhi & Anne van Stappen
Für eine bessere Welt
ISBN 978-3-941837-92-8

Hervé Magnin
Lebensträume verwirklichen
ISBN 978-3-941837-93-5

Rosette Poletti & Barbara Dobbs
Loslassen
ISBN 978-3-941837-53-9

Rosette Poletti & Barbara Dobbs
Selbstbewusstsein
ISBN 978-3-941837-54-6

Marc de Smedt
Meditationen für jeden Tag
ISBN 978-3-941837-69-0

Anne van Stappen
Grenzen setzen – Nein sagen
ISBN 978-3-941837-73-7

Anne van Stappen
Selbstliebe
ISBN 978-3-941837-68-3

Yves-Alexandre Thalmann
Dankbarkeit
ISBN 978-3-941837-96-6

Yves-Alexandre Thalmann
Endlich frei von Schuldgefühlen
ISBN 978-3-941837-72-0

Yves-Alexandre Thalmann
Glückstraining
ISBN 978-3-941837-49-2

Yves-Alexandre Thalmann
Optimismus
ISBN 978-3-941837-51-5